Jubilé de 1909

JEAN CALVIN

1509

DOUZE ESTAMPES DE H. VAN MUYDEN

TEXTE DE H. DENKINGER

1564

ÉDITÉ PAR LA COMPAGNIE DES PASTEURS DE L'ÉGLISE DE GENÈVE

目　次

挿　絵

「カルヴァン生誕 400 年記念画集」の発行に寄せて

1909 年にカルヴァン生誕 400 年を記念して，ジュネーヴ牧師会が企画制作したカルヴァンに係る画集です．

この画集は故アイラ・ジョン・ヘッセリンク，アメリカ・ウエスタン・セミナリー元学長から 2018 年 7 月にいただいたものです．

ヘッセリンク先生は同年 10 月 28 日にアメリカミシガン州ホランドにて 90 歳で亡くなられました．当時改革派教会では，カルヴァン生誕 500 年の記念行事として各地の改革派教会において集会・記念講習会がもたれていました．

私どもの日本キリスト教会がカルヴァンの『キリスト教綱要』をはじめ多くの書物により研鑽を得ようとしているのをヘッセリンク先生がご覧になり，また，先生ご自身，私どもの神学校，植村正久記念講座にて 2000 年に『神の主権的恵みと人間の自由』の講演をしてくださいました．

現在では手に入らない 100 年以上昔の大切なこの蔵書を私どもに提供なさろうとお考えになってのことと思っております．いただいてから大分時が経過しましたが，貴重な記録画集としてカルヴァンの青年時代，第一次ジュネーヴ滞在，シュトラスブルク時代のカルヴァン，そして死を迎えるジュネーヴにおけるカルヴァンを版画として記された画集は見過ごしにはできないと考えました．ジュネーヴ牧師会が編集したフランス語カルヴァン小伝の翻訳は，日本キリスト教会上田教会長老遠藤正子が担当しました．出版に際しては，一麦出版社の西村勝佳様のご協力を得ることができました．感謝申し上げます．

本画集の出版に向けて，私どもの思いは，『キリスト教綱要』をはじめカルヴァンに係る著作を学ぶ際して，このようなカルヴァン小伝に沿った画集の小冊子を手元に置いていただけることを願っております．

日本キリスト教会　横浜桐畑教会長老

黒澤淳雄

2

I. カルヴァンの青年時代

　ジャン・カルヴァンは1509年7月10日，フランスのピカルディー地方ノワイヨンで生まれた．父ジェラールは息子が非凡な才能に恵まれているのを見て，司祭にするつもりでいた．カルヴァンは郷里で学んだのち，12歳の若さでパリへ送り出され，マルシェ学寮に入学した．そこで当時もっとも注目されていた人物の一人，マチュラン・コルディエに師事した．彼は上級クラスにやってきた生徒たちがはなはだ力不足であると判断し，初級から教えることにした．カルヴァンはコルディエのやり方に感銘を受け，深い感謝の念を抱きつづけた．27年後，カルヴァンは『エペソ人への手紙註解』[2]をコルディエに献呈して，教えを受けた時間が短かったことを残念に思う気持を表した．さらにコルディエをジュネーヴに呼びよせ，かれが高齢になっていたにもかかわらず大学の管理を任せたのだった．

　カルヴァンはしばらくのあいだマルシェ学寮で過ごしたのち，有名なモンテーギュ学寮へ転校した．そこで高等教育を終え，19歳で教養学士を取得して卒業した．

　その時点で，父親は考えを変えた．息子が名誉ある行政官になることを熱望し，法律を学ぶように命じた．カルヴァンは父親の計画にこころよく従った．実は従兄のロベール・オリヴェタンから聖書を紹介されたばかりで，聖書を読むことによって教会の過ちに気づくと同時に，ローマ教会の聖職者階級制度の正当性に疑いを抱きはじめていたのである．

　カルヴァンは先ずオルレアンに行き，ピエール・ド・エトワールの講義に出席した．そこで急速な進歩を遂げたため，教授たちは自分が忙しい時にはカルヴァンに授業を代行させたほどであった．かれは並外れた情熱をもって勉学に取り組んだ．同期生の話によると，かれは夜中まで起きていられるように夕食はほんの少ししかとらず，まだ暗いうちに起きて前の晩に学んだことを復習したという．こうして広大な知識を身につけたのだが，もともとすぐれない健康がその犠牲となっていた．勉学は，ずば抜けた記憶力をも育んだ．

　ブールジュで法律を教えていたアルチャートの評判を聞いたカルヴァンは，ブールジュに向かった．そこでドイツ人学者メルヒオール・ヴォルマールからギリシャ語を教えてもらい，新約聖書を原典で読めるようになった．ヴォルマールはいわゆる「ルター派」すなわちこの「新宗派」の支持者であった．その後，将来の宗教改革者は，リニエールや，おそらく一族の出身地であったポン・レヴェックでも説教をはじめていた．

　そうしている間に，父ジェラールが死んだ．父亡きあと，カルヴァンは自分の意のままにふるまえる自由を味わった．パリに戻ると，「純粋な宗教を愛するすべての人々」と連絡をとった．法律の勉強と訣別し，いまやすべてを神学の研鑽を積むことに捧げ，パリの宗教改革者たちのあいだで，いわば牧師のつとめを担いはじめた．かれらは密かに集会をひらいていた．思いがけない出来事が，パリ滞在に終止符を打った．パリ大学総長ニコラ・コップがローマ教会の誤りを非難する演説をし，投獄を免れるために逃亡せざるをえなくなったのだ．コップの仲間であることを知られていたカルヴァンは大急ぎで立ち去ることを余儀なくされ，すべての書物と書類は迫害者の掌中に落ちたうえ，多くの仲間が命の危険にさらされた．

　若き神学者はアングレームに退き，町の主任司祭デュ・ティエの家にかくまわれた．そこには膨大な蔵書があった．カルヴァンはこの地で，大著『キリスト教綱要』の執筆にとりかかった．ネラクにルフェーブル・デタープルを訪ねたが，すでに100歳になろうとしていたかれは，ナヴァル国王フランソワ1世王妃によって，追放の身を庇護されていた．カルヴァンはノワイヨンに戻り，父親が息子のために調達していた教会禄[3]を返上した．これをもって，カトリック教会との最後の絆を断ったのである．それからパリに戻ると，再び激しい弾圧がはじまっていた．

　「檄文事件」が起きた．ある朝のこと，パリの人々は街という街からルーヴルの戸口にいたるまで，ミサに対する攻撃文書が貼りつけられているのを見た．激怒した国王は祈禱行進[4]を発令し，自らも三人の子どもと共に参加した．市内四か所の大広場で，宗教改革者八人が焚刑に処せられた．

　カルヴァンはしぶしぶフランスを離れ，デュ・ティエと連れ立ってスイスに向かった．二人は，メッスで計画を思いとどまるところだった．なんと，従者の一

---

1)　14歳とする説が多い．
2)　「テサロニケ人への第一の手紙註解」とする説がある．

3)　聖職禄．カトリック教会で，教会職と結びついて教会財産の所領または奉納物から一定の収益を得る権利．
4)　「檄文が処罰されることを祈る」という内容の行進．

人が荷物と馬一頭を奪って逃げてしまったのだ．幸いにも別の従者が多少のお金を持っていたお陰で，なんとかシュトラスブルクを経てバーゼルに到着することができた．

バーゼルでは数人の学者と親しくなったが，そのうちの一人カピトにヘブル語を教えられた．いまやカルヴァンは，聖書全巻を原語で読めるようになったのである．

当時，フランソワⅠ世はドイツ諸侯と同盟を結ぼうとしており，その多くがそれぞれの領土に宗教改革を導入していた．国王は臣民ユグノーを弾圧した言い訳として，かれらは再洗礼派すなわち無政府主義者だと言ってあからさまに非難した．

そのとき『キリスト教綱要』を執筆中であったカルヴァンは，国王の誤解を晴らすために，かの有名なフランソワⅠ世への手紙を書いて著作の序文とした．おそらく，フランソワⅠ世はそれを読まなかったであろう．しかし『綱要』は福音の教義全体を簡潔に要約したものであり，カルヴァンはたちまち当代随一の神学者とみなされた．フランスのプロテスタントは，指導者を見出したのだった．

Ⅱ．カルヴァンの第一次ジュネーヴ滞在

1536年の夏，カルヴァンはイタリアに行き数週間フェラーラ宮廷に滞在した．そこには信仰上の理由で亡命してきた者が数名おり，侯爵夫人ルネ・ド・フランスが亡命者のために一時的な避難所を提供しているのだった．しかしカルヴァンは，かれらのためにそこに留まることをしなかった．シュトラスブルクで身を落ち着けようと考えていた．ところが当時の状況下ではジュネーヴを経由せざるをえなかったので，かれは幾度かジュネーヴに逗留した．かくしてカルヴァンの存在を知ったファレルは，かれの出現に神の示しを見たのだった．しばらくジュネーヴを留守にしていたファレルは緊急の用件で呼び戻されて出発の準備をしていたところ，ふと，カルヴァンこそジュネーヴにとってなくてはならない人物であると確信した．忘れがたい出来事が起きた．二人は生涯，それを記憶に留めたのだった．ファレルはこの若い旅人にジュネーヴに留まるようにと頼んだが，最初は断固としてはねつけられた．カルヴァンは，公の活動をする気は毛頭なかった．学問を続けたかった．ファレルが負わせようとする労苦とは相容れない休息を必要としていた．そのとき，神の霊にとらえられたファレルは雷のような大声で怒鳴っ

た．「きみが断る口実は，学問への愛着にほかならない．だが全能の神の御名によって言うが，もしきみが，わたしが携わっている聖なるつとめを共に担おうとしないなら，イエス・キリストよりわが身の休養を選ぶきみのことを，主は祝福したまわないだろう」．カルヴァンは何年ものちにこの時のことを思い出してこう記している．「その言葉はわたしを恐怖に陥れて心胆を寒からしめ，わたしは計画していた旅をあきらめた．まるで天の神がわたしを引き止めようとして，御手を伸ばしたもうたかのようだった」．

カルヴァンはサン・ピエール教会で仕事を始め，無報酬で神学講義をおこなった．その後，市参事会はかれを牧師に任命した．かれは職に就くとすぐに信仰告白，教会規則，カテキズムを起草して市に提案し，参事会はそれを採択した．1536年[5]，勝ち取った自由に酔いしれたジュネーヴ市民は，もはやいかなるくびきをも負いたくなかった．ボニヴァール[6]が予測したとおり，市民はカトリックの司祭たちが自分たちと似すぎているという理由で反乱を起こし，のちには新教の説教者たちが自分たちとあまり似ていないという理由で反乱を起こしたのである．1538年，ファレルとカルヴァンはつまらない理由で追放された（聖餐式でうっかり種なしパンを代用したことが問題であった）[7]．参事会の判決を聞いたカルヴァンは，さりげなく言った．「潮時さ，人間に仕えればろくな報いを受けないが，われわれは報いてくださる天の御主人様にお仕えしているのだ」．

---

5) ジュネーヴはプロテスタントの一派である改革派の拠点となり，1536年にカトリックのサヴォア公国から独立して宗教改革がなされ，ジュネーヴ共和国となった．

6) 1493-1570，スイスの宗教改革者，政治家．改革派ベルン勢力に近づき，サヴォワ公ション城主によって地下牢に幽閉された．

7) 宗教改革の最大の問題点は「聖餐論」であり，カルヴァンたちによる宗教改革後も，ジュネーヴは二分していた．ジュネーヴの宗教改革を推進したベルンの政治家たちはサヴォワ公国との関係を断ち切ってスイス諸国と連携をはかろうとしていたが，保守的だった．聖餐式にはジュネーヴで用いるイーストでふくらませたパンでなく，カトリックの種なしパンを用いた（ベルン様式）．カルヴァンとファレルは形式にこだわらなかったが，政府の要請によって教会が形式を課せられることに断固反対した．市議会のなかにカルヴァンたちに好意をもたない者もいた．復活節礼拝で，カルヴァンたちはこの喧騒と怒号のなかで聖餐式を執りおこなうべきでないと判断した．市会はそれに対抗してかれらが説教することを禁じたが，カルヴァンたちは死を決して説教をおこない，その後，追放されるにいたった（渡辺信夫『カルヴァン』清水書院，1969年，69-70頁）．

Ⅲ． シュトラスブルク時代のカルヴァン

　ジュネーヴで過ごした二年間は，激動の日々であった．カルヴァンは，ふたたび研究を始めようと考えた．そのつもりでバーゼルに腰を落ちつけて間もなく，ブツァーがシュトラスブルクへ呼びよせてフランス教会の指導に当たらせた．シュトラスブルクでの数年間は，黙想にふける穏やかな日々であった．カルヴァンは研究と神学の授業を再開した．友人や学者に囲まれる環境のなかで，かれはついに花を咲かせることができた．牧師として自らの教会観を実践し，その価値を試すことができる良い機会であった．また神学者として，自分の教えが高く評価されるのを見た．同僚たちは教義に関する重要な課題を協議する，フランクフルト，ヴォルムス，レゲンスブルクにおける会議にかれを代表として送り出し，信頼と敬意を表した．ついにこのシュトラスブルクで，カルヴァンは生涯の伴侶にめぐり会ったのである．かれは温和な女性イドレット・ド・ブュレを深く愛し，身辺多忙で時には劇的な人生に，彼女は家庭的な安らぎを与えたのであった．

　ジュネーヴでは，カトリック教会が糾弾されていた．ファレルとカルヴァンほどの信望を勝ち得た牧師はいなかった．少数のキリスト者たちは，政治的関心が宗教改革という信仰的使命に優先することに心を痛めた．人々は，改革者たちに追放を宣告した四人の議員がみな惨めな終わりを遂げたことに強い衝撃を受けたのだった．ファレルとカルヴァンがいないことが悔やまれた．ファレルはすでにヌーシャテルに定住していた．カルヴァンに関しては，ジュネーヴに帰ってもらいたいという声がますます高まっていた．

　しかし，カルヴァンは帰りたくなかった．自分の活動に満足しており，ジュネーヴで待ち受けている闘争に舞い戻ることを恐れていた．

　思いがけない天の配剤により，突然，カルヴァンにとって有利な世論が生じた．市参事会が紛糾するなかで教会が混乱状態に陥っているのを見た枢機卿サドレートがジュネーヴ参事会宛に手紙を送り，ジュネーヴ市民がカトリック教会に復帰するようにと呼びかけたのだ．この陰湿な示威に応えられる者はいなかった．これを聞いたカルヴァンはジュネーヴ市民に苦しめられたことも忘れてサドレートに鋭く反撃したので，枢機卿は二度とそれを繰り返さなかった．ルターはカルヴァンの対応をたいそう喜んで，ブツァーに手紙を書いた．「これは手となり足となる手紙だ！ 神がこのような者たちを育ててくださるとは嬉しいかぎりだ．かれら

はわたしが反キリストに対して始めた事業を引き継いで，神の助けによってそれを実らせることだろう」．カルヴァンとの交渉は一年ほどかかった．シュトラスブルク市議会は旅立とうとするカルヴァンに，シュトラスブルクの市民権を保持し，年金支給を受け続けることを条件づけた．カルヴァンは最初の光栄のみに浴することにした．しかしながら，経済はきわめておぼつかない状態で，教区民はかれの生計を支えることができなかった．しばらくのあいだ，一週間の生活費は一ギルダーばかりで，ジュネーヴに残した書籍を売らなければならなかった．ファレルはカルヴァンの困窮状態に胸を痛め，なけなしの金を分かちあおうとしたが無駄であった．

　その苦境のあいだ，再びローマ・カトリックに改宗したデュ・ティエは，自分の真似をしていれば輝かしい地位が待っていることを，この宗教改革者に訴えつづけたのだった．

　ジュネーヴ市会は追放令を破棄し，市に戻ってくるようにとカルヴァンに懇望した．それが神ご自身の召しであると確信してはじめて，かれは帰還を決意した．1541 年 9 月 13 日，カルヴァンはジュネーヴに戻った．

Ⅳ． ジュネーヴにおけるカルヴァン

　カルヴァンは，ジュネーヴに着くやいなや市参事会に赴いた．会議の場で，議員たちと活動計画全体を調整した．かれはよく練り上げた構想を持ちかえったのだった．神ご自身をそのかしらとし，市民がつとめて福音の教えにかなう生活を送るような都市をジュネーヴに築きあげたいと願っていた．これは「神政政治」とよばれる．カルヴァンとその働きを考えるとき，かれが常に忠実であり続けたこの設計図を忘れてはならない．こんにち，かれの過ちとして批判されるすべては，この体制に起因するのである．

　カルヴァンは数週間のうちに「教会規則」を起草して市参事会に提出したが，そのなかで牧師のつとめを確立し，教会と国家の同盟関係を宣言し，地区の行政官の権限を定めた．風紀の取り締まりは裁判所に委ねた．長老会の構成は，牧師と信徒が半数ずつを占めていた．困窮者と病人の世話は，執事に任された．ようやく聖餐の礼典が明確に定められた．次いで，礼拝式文とカテキズムが成立した．カルヴァン主義は主にこの三つの文書によって，ヨーロッパ諸国に浸透したのである．

§1. ── 牧師の働き

カルヴァンはジュネーヴ教会を再建しただけでなく，自らも教会に仕えた．牧師たちは，カルヴァンを牧師会の議長（代表）に任命した．かれは死ぬまでこの職務に留まった．また，長老会の議長でもあった．カルヴァンは隔週で，毎日説教するように召された．かれは誠実に病人を見舞い，定期的に十軒の家庭を訪問しては大人や子どもに教義について質問し，進歩の具合を見るのだった．カルヴァンの説教は，そのすぐれた語り口にまさる深い知識と正確な言葉遣いによって異彩を放っていた．何人かの弟子や秘書が説教を筆記して印刷し，聴くことができなかった遠くの人々のもとに届けて訓練と慰めを与えた．

カルヴァンは牧師としての些細なつとめも，最重要のつとめと同じように全力を尽くした．きわめて献身的であると同時にきわめて無私無欲であった．

ペストが大流行した最中の 1542 年，カルヴァンは開業したばかりの専門病院で患者の看護をしたいと申しでた．くじ引きをしたところ，くじに当たった牧師が任務につくことを躊躇したので，カルヴァンは再度，自分にやらせてほしいと願いでた．参事会は，かれに犠牲を払わせないことにした．カルヴァンの命は，すべての人にとって必要なのであった．

カルヴァンは神学教授として，同僚たちより二百フロリン多い俸給を受けていた．この上乗せをやめてほしいと一度ならず願いでたのだが，市はそのたびごとにこの申しでを断った．国の牧師として法律家としての多大な貢献に比べたら，粗末な処遇であろうと判断していた．

§2. ── 教授職

カルヴァンは生涯をとおして教鞭をとり続けたが，それは天職であった．パリでも，シュトラスブルクでも，ジュネーヴでも教えた．かれはジュネーヴに戻るとサンタ・マリア・マッジョーレ教会[8]で定期的に講義をはじめ，それ以来，講堂教会と呼ばれるようになった．会衆は毎週金曜日に集まり，集会にはすべての牧師が参加した．一人の牧師が発題をすると，そのつどカルヴァンが内容の誤りを訂正したり補ったりした．かれは週三回，神学講義をおこなった．

カルヴァンは長年，ジュネーヴに学校を設置したいと願っていた．15 世紀に

建てられた大学はもはや時代の要求に応えておらず，中産階級の多くの者が，すでに子弟を送り込むことをやめていた．改革者が念願を果たすことができたのは 1559 年，50 歳のときであった．カルヴァンはこの事業に並々ならぬ情熱を注ぎ，サント・アントワーヌの建物はわずか数か月で完成した[9]．

カルヴァンは大学と同時に神学アカデミーも創設したが，その初代学長は，ローザンヌでギリシャ語を教えていたテオドール・ド・ベーズであった．

大学とアカデミーの設立は，ジュネーヴの歴史における重要な出来事であった．貧しく慎ましやかな町は，プロテスタントのローマとなったのである．その校則は，数多くのアカデミーの手本として用いられた．以後，カルヴァン・アカデミーにはヨーロッパ全土から学問好きな若者が押し寄せた．

改革者が世を去ったとき，生徒の数は 1,500 名であった．テオドール・ド・ベーズは言った．「たとえわれわれが死んでも，必ずや後世に残るだろう．なぜならこの都市が滅びれば，それは近隣諸国にまで影響をおよぼすことが確実になったからだ．何もわからない人々にとっても禍となる．それは自由の破滅なのだ」．

§3. ── 教会の指導者

カルヴァンの活動はわれらの小国の国境を越えて，はるか遠くにまでおよんだ．『キリスト教綱要』の出版によって，かれは改革派プロテスタント主義の指導者とみなされた．かれはフランスに教会を建てあげた．スコットランドでは，友人でも弟子でもあるジョン・ノックスがカルヴァン主義を普及させ，イギリスでは，エドワードⅥ世の摂政サマセット公との文通をとおして，宗教改革の運命に影響をおよぼした．ドイツでは多くの州に，カルヴァン主義の改革派教会があった．

かれは遠くはなれたポーランド教会をも指導した．侯爵夫人フェラーラの顧問を死ぬまでつとめた．

ルターもツヴィングリも，かれのように国際的な影響力をもっていなかった．

かれが占めていた独特の立場は，熾烈な闘争を展開させることになった．そのような波乱万丈の生涯にあって，かれはけっして私益を求めなかった．神の栄光を守るべき，神の代理人とわきまえていた．自分が建てあげた制度に異議を唱える者にたいしては，事情はどうあれ，だれかれかまわず反撃した．

このような大論争の口火を切ったのは，ハンブルクの牧師ヴェストファルが書

---

8) 第一次滞在で聖書講義をおこなったサン・ピエール教会隣りの講堂とする説が多い．

9) 資金不足などの理由で，完成は 3 年後とする説もある．

いた聖餐論であった．カルヴァンはこれに反駁した．この神学論争は，ドイツとスイスの教会に大きな反響を呼び起こした．こんにちのよく知られた事例がそうであるように，だれもがカルヴァンを熱烈に支持するか敵対するかであった．

ジュネーヴの亡命者のなかに，ボルセクという者がいた．ある日かれは講堂教会で，カルヴァンの留守に乗じて予定論を非難した．かれがまだ話しおわらないうちに戻ってきたカルヴァンは，たちどころに見事な説き明かしで応酬したのだった．当時ジュネーヴに住む者だれもが主への忠誠を誓い，信仰告白と教会規則を受け入れることを承認していた．ボルセクは誓約を破ったのだ．かれは行政官に突き出されたのち追放された．その後，カルヴァンの名誉を棄損する中傷文を書いて復讐したが，その文書はこんにちにいたるまで，カルヴァンを誹謗する人々に使われている．

それらの論駁とその他のものは，スペイン人ミシェル・セルヴェとのあいだに起きた論争によって影が薄れた．セルヴェはボルセクと同じ医者で，神学に熱心だった．かれは10歳のころから数人の宗教改革者に交じって三位一体を論じていた．セルヴェの傲慢な性格は，その破壊的な自論にまさって鼻もちならなかった．かれはどこにも居場所がなかった．ヴィーンで『キリスト教の回復』という書物を匿名で出版したが，そのなかで，原始キリスト教の再建を主張した．ヴィーンの宗教裁判所は死刑の判決をくだし，身代わりの藁人形を焼いて処刑とした．かれはフランスを離れなければならなかった．逃亡中にジュネーヴを通過した際，マドレーヌ寺院の礼拝に出席しているところを見破られた．カルヴァンは苦労して築き上げた研究が台無しにされるのを恐れて，かれを逮捕させた．教義にまつわる訴訟を起こすには最悪の時だった．折しもジュネーヴではカルヴァンとリベルタン[10]とのあいだで激しい抗争が繰り広げられており，リベルタンは，この宗教改革者が強要するあまりにも厳格な規則をなんとしても覆そうとしていた．カルヴァンにとって，セルヴェの告訴は命がけだった．リベルタンはセルヴェを支持し，一時はかれらが勝つかに思えた．検事総長はカルヴァンに好意的ではなかった．セルヴェはこれらの支持者たちの前でわれを忘れてアナバプテストの見解を開陳したうえ，カルヴァンは異端者で魔術師シモンの弟子だと言ってはげしく非難し

---

10)　かれらは「愛国者」と名乗ったが，カルヴァンはかれらのことを「リベルタン（自由派）と呼んだ．ジュネーヴにおける規律の要求に反抗して自由（放縦）を唱えた．社会的地位と政治的影響力をもつ者が多かった．

た．その瞬間までミシェル・セルヴェに味方をしていた人々は，かれに背を向けて断罪を求めたのだった．セルヴェはカルヴァンの考え方を理解する一方で，自らの内にある律法主義と論理家的精神が，慈愛の心に打ち勝てないことを悔やんだ．

カルヴァンはけっして容易に想像されるような，確たる教会の指導者ではなかった．努力と苦難の代償を払ってこそ，己の思想を勝利に導いたのである．

§4. ─── カルヴァンの死

ジュネーヴの宗教改革者が辛労辛苦をもって打ち建てた金字塔は，かれの健康をはなはだしく損なわせた．実を言えば，かれは生涯をとおして病弱であった．しかしながら1556年以降は病状が進み，周囲の者が気づかうほどになっていた．その後もずっと体調がすぐれなかった．1564年のはじめには，友人たちは終わりの時が近づいていることを覚悟した．カルヴァンは自分の健康状態に気づきながらも，仕事をやめなかった．2月2日に最後の説教をして，その日の午後に最後の神学講義をおこなった．それ以降は治療を受けつけなくなった．病気が長引けば，惨めな状態に陥っていたであろう．

自分で歩くことができなくなっていたカルヴァンは市庁舎へ運んでもらい，参事会に引退の挨拶をした．市会は挙げてかれの家を訪れたが，これはわが共和国の歴史のなかで珍しい出来事であった．かれは最後にいま一度，忠実であるようにと勧めをした．

長い闘病生活のあいだ，あまりに大勢の人が様子をうかがいに来たので，病室のドアは閉じられねばならなかった．

1564年5月27日，容体がもち直すかに思えたが，夜8時になって突然，死の兆しが顔に表れた．かれはいまわの際までそこに居あわせた人々と言葉を交わすことができたが，やがて静かに息をひきとった．

ベーズは言った．「かくして教会の偉大な光は，太陽が世界を照らすのを止めると同時に消え失せた」．訃報が知れわたるやいなや，故人の面影をしのぶ大勢の人々がシャノワーヌ通りへ向かった．その崇敬ぶりは，カルヴァンの友人たちには仰々しく思われた．カトリック側から偶像崇拝と非難されるのを避けるために，遺体は翌朝，棺に納められ，午後2時にはプランパレにある通称ペスト墓地へ運ばれた．全市が葬列につらなった．墓の場所を示す墓標はない．カルヴァンが葬られたという言い伝えの場所に名前の頭文字を彫った墓石が置かれたのは，19世紀になってからのことであった．

訳者あとがき

　近世ヨーロッパ激動の時代にあって神の召しに生き抜いた宗教改革者，ジャン・カルヴァンに想いを馳せる日々でありました．本書は『キリスト教綱要』や『ジュネーヴ教会信仰問答』などの神学書とは異なり，人間カルヴァン 54 歳 10 か月の生涯（1509－1564）を，掻いつまんだかたちで辿ります．

　百年余りを経た古書ですが，筆者と画家に関する得られたかぎりの情報を御紹介いたします．カルヴァン小伝の著者である牧師アンリ・デンキンゲは，ジュネーヴ教会アーカイヴ保存の署名入り記念写真《敬愛する牧師たち　1905 年 11 月》，正装姿の牧師 31 名のなかにおさまっています．他著の記録は見あたりませんでした．版画を制作したアンリ・ファン・マイデン（1860－1936 年）は，父親も兄も彫刻や絵画で成功したスイスの芸術家一家でした．アンリは肖像画や風景画，風刺画家，新聞の挿絵画家として活躍し，本書の版画とは別世界の美しい作品を遺しています．ポスターも描きました．《ジュネーヴ大学創立 350 周年》，《ジュネーヴ大学創立記念バザー》のポスターには，サンピエール大聖堂の前でカルヴァンとベーズが話しあい，その後ろには教室から出てきた学生たちの様子が描かれています．目に訴えるものをとおして，カルヴァンの時代が身近に感じられるのは嬉しいことです．版画集としてキリスト教会とあまり馴染みのない方々が手にされることも考慮して，最低限の訳註を添えることにいたしました．因みに，本トビラ左上の図柄は中央にジュネーヴ大学の紋章をあしらい，右上の図柄にはキリスト教綱要ジュネーヴアカデミーの文字が記されています．

　拙訳をお読みくださり，貴重な御指摘を賜りました日本キリスト教会横浜桐畑教会牧師 登家勝也先生に，謹んで御礼を申し上げます．

　出版に向けて御尽力くださいました，一麦出版社の西村勝佳様に心より感謝を申し上げます．

日本キリスト教会　上田教会長老

遠藤正子

主な参考文献

渡辺信夫『カルヴァン』（人と思想 10）清水書店，1969 年

渡辺一夫『フランス・ルネサンスの人々』岩波書店，1992 年

森川甫『ヴァンデルのカルヴァン研究 ── 伝記篇』「関西学院大学社会学部紀要 35」1977 年

砂原教男『ジュネーブ大学の成立』「大阪府立大学紀要 15」1967 年

砂原教男『カルヴァンと寛容』「大阪府立大学紀要 30」1982 年

久米あつみ『カルヴァン』（人類の知的遺産 28）講談社，1980 年

出村彰『スイス宗教改革史研究』日本基督教団出版局，1983 年

パリ　モンテーギュ学寮在学中のカルヴァン

青年カルヴァンと話をするロベール・オリヴェタン

『キリスト教綱要』に取りくむカルヴァン

カルヴァンをジュネーヴに引きとめるファレル（1536）

ジュネーヴを追放されるカルヴァンとファレル（1538）

ジュネーヴ市参事会に復帰の挨拶をするカルヴァン（1541）

四人の改革者（左から，ファレル，ベーズ，ヴィレ，カルヴァン）

イル橋の上でリベルタンに侮辱されるカルヴァン

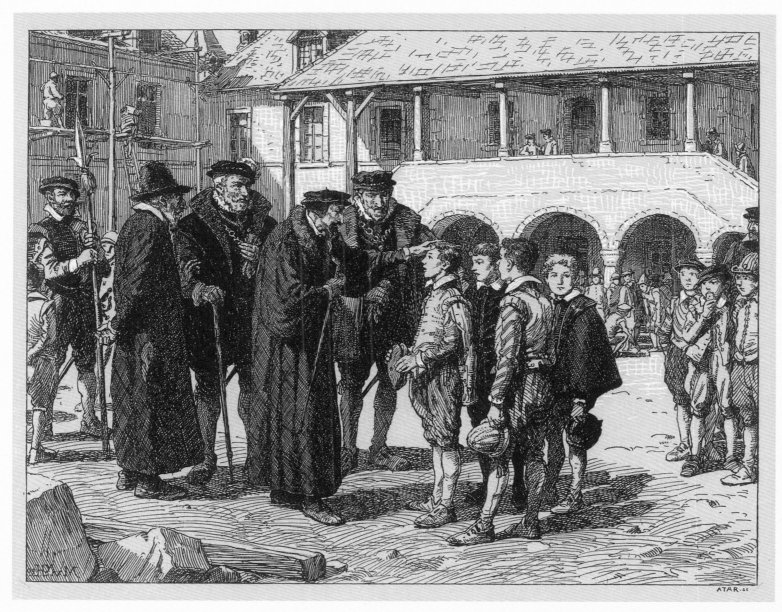

新設大学を訪問するカルヴァンと市参事会議員

講堂で神学講義をするカルヴァン

27

別れの挨拶をするために市庁舎へ運ばれるカルヴァン

病床で訣別するカルヴァン（1564 年 5 月 27 日）

カルヴァン小伝

発行............2021 年 12 月 11 日　第 1 版第 1 刷発行

定価............［本体 1,200 ＋消費税］円

訳　者........遠藤正子

発行者........西村勝佳

発行所........株式会社一麦出版社

　　　　　札幌市南区北ノ沢 3 丁目 4 － 10　〒005 － 0832
　　　　　TEL（011）578 － 5888　FAX（011）578 － 4888
　　　　　URL https://www.ichibaku.co.jp/
　　　　　携帯サイト http://mobile.ichibaku.co.jp/

印刷............株式会社総北海

製本............石田製本㈱

装釘............須田照生